Mario Basacchi

Santa Filomena
História e novena

Citações bíblicas: *Bíblia Sagrada* – tradução da CNBB, 2ª ed., 2001.

Editora responsável: *Celina Weschenfelder*
Equipe editorial

Nenhuma parte desta obra poderá ser reproduzida ou transmitida
por qualquer forma e/ou quaisquer meios (eletrônico ou mecânico,
incluindo fotocópia e gravação) ou arquivada em qualquer sistema ou
banco de dados sem permissão escrita da Editora. Direitos reservados.

Paulinas
Rua Dona Inácia Uchoa, 62
04110-020 – São Paulo – SP (Brasil)
Tel.: (11) 2125-3500
http://www.paulinas.com.br – editora@paulinas.com.br
Telemarketing e SAC: 0800-7010081
© Pia Sociedade Filhas de São Paulo – São Paulo, 2005

Um pouco de história

Os pais de Santa Filomena eram gregos e descendentes de uma família real. Apesar de multiplicar suas orações e oferecer sacrifícios a falsos deuses, eles não conseguiam ter filhos, pois a mãe era estéril. Providencialmente, o médico do palácio, chamado Públio, era cristão. Inspirado por Deus, ele falou-lhes da fé cristã e assegurou que se abandonassem o paganismo e abraçassem a fé cristã, suas orações seriam ouvidas. Diante disso, quiseram conhecer melhor os ensinamentos de Jesus. Após o Catecumenato, receberam o Batismo na Páscoa do mesmo ano. Nove meses depois, no dia 10 de janeiro do ano seguinte, nasceu uma linda menina, Lumena (luz). Recebeu esse nome por ter nascido à luz da fé. Entretanto, quando recebeu o Batismo, seu nome foi mudado para Filomena, cujo significado é "filha da luz divina".

A jovem Filomena consagrou a sua virgindade a Deus e se empenhou em difundir a religião cristã. Denunciada, foi presa e levada aos tribunais de Roma. Firme em sua fé, apesar de ter sido açoitada e lançada ao rio Tibre com uma âncora presa no pescoço, salvou-se milagrosamente, porém foi martirizada com um golpe de clava na cabeça. O seu corpo e sangue (depositado em um vidro) foram recolhidos por um grupo de cristãos e enterrados piedosamente nas catacumbas de Santa Priscila. Durante 14 séculos, ela ficou esquecida, até que, em 24 de maio de 1802, alguns escavadores encontraram inviolada a sua sepultura. Diante de peritos e das autoridades eclesiásticas, deu-se a abertura do sarcófago, o qual estava sob três placas de terra, com os símbolos do martírio pintados em vermelho, além dos emblemas âncora, seta, lança, palma e lírio e a seguinte inscrição *Lumena – pax te – com fi*. Talvez, por receio de uma incursão nas catacumbas pelos soldados romanos, fato que se repetia frequentemente durante a última perseguição, ou pela precipitação do sepultamento, a frase pode ter sido modificada, assim, o correto seria *Pax tecum Filomena (A paz esteja contigo, Filomena)*. Isso confirmou o martírio dessa jovem cristã. Aberto o sarcófago, verificou-se que se tratava de uma menina de 12 a 13 anos, cujo crânio tinha sido fraturado por um instrumento contundente, possivelmente uma clava romana. Ao lado do corpo, foi encontrado um vidro com uma porção de sangue ressequido.

Daquele momento em diante, grande quantidade de peregrinos começou a afluir à sepultura da santa virgem e mártir, e muitos testemunharam ter recebido várias graças por sua intercessão. São João Maria Vianney, o Cura d'Ars, a escolheu como sua santa protetora, atribuindo-lhe os milagres que lhe foram concedidos. O Papa Gregório XVI reconheceu a sua santidade e proclamou a *taumaturga do século XIX, padroeira do rosário vivo e padroeira dos filhos de Maria*.

Sua festa era celebrada em 5 de julho, mas em 1961 a Sagrada Congregação dos Ritos removeu o culto a Santa Filomena do calendário litúrgico, mantendo, porém, a devoção popular e a celebração de sua memória na missa do comum dos mártires.

Atualmente, as relíquias de Santa Filomena, exceto os pequenos fragmentos espalhados em muitas igrejas do mundo católico, estão guardadas e são veneradas em uma igreja de Mugnano, na Itália.

PRIMEIRO DIA

Santa Filomena:
filha da luz divina

Em nome do Pai, do Filho e do Espírito Santo. Amém.

Deus, vinde em nosso auxílio.

Senhor, socorrei-nos e salvai-nos.

Invocação ao Espírito Santo

Vinde, Espírito Santo,
enchei os corações dos vossos fiéis
e acendei neles o fogo do vosso amor.
Enviai o vosso Espírito Santo e tudo será
criado; e renovareis a face da terra.

Oração do dia

Ó gloriosa virgem e mártir, Santa Filomena, que desde a mais tenra idade fostes iluminada pela luz da fé e por ela derramastes vosso sangue, sede nossa intercessora junto de Deus para que permaneça intacta nossa esperança e cresçamos em seu amor e na dedicação aos irmãos. Amém.

Leitura bíblica

Não multipliqueis palavras orgulhosas, nem saia insolência de vossas bocas! Pois o Senhor é um Deus que sabe, é ele quem pesa as nossas ações. (...) A mulher estéril sete vezes dá à luz, mas fenece a mãe de muitos filhos. O Senhor é quem dá a morte e a vida, faz descer à morada dos mortos e de lá voltar (1Sm 2,3.5-6).

Reflexão

O nascimento de Filomena foi fruto de penitência e orações. Sua mãe, até então estéril, com o marido, abraçou a fé cristã e pediu que Deus lhe concedesse uma filha. Ele atendeu a seu pedido. Nasceu uma linda menina, a quem foi dado o nome de

Lumena, que significa luz. No Batismo, ela passou a ser chamada de Filomena, isto é, filha da luz divina.

Jesus Cristo é a luz do mundo, quem caminha com ele, como Santa Filomena, não anda nas trevas. No Batismo, foi colocada em nossas mãos uma vela acesa, símbolo da luz divina da fé, a qual devemos manter sempre viva enquanto permanecermos neste mundo.

Hino a Santa Filomena

Do alto céu nos acena
E nos conduze à perfeição,
Virgem mártir Santa Filomena,
Não nos faltem tua bênção e proteção!

Oração final

Ó gloriosa virgem e mártir, Santa Filomena, que enfrentastes com muita coragem e fé o martírio ao derramar vosso sangue pela causa do Reino, intercedei junto a Deus por nós para que saibamos enfrentar os momentos difíceis e obtenhamos as graças de que necessitamos hoje (fazer pedido). Por Jesus Cristo, nosso Senhor, que vive na unidade do Pai e do Espírito Santo. Amém.

Rezemos

Pai-Nosso, Ave-Maria e Glória-ao-Pai.

Santa Filomena, virgem e mártir, rogai por nós.

SEGUNDO DIA

Santa Filomena: exemplo de fé

Em nome do Pai, do Filho e do Espírito Santo. Amém.

Deus, vinde em nosso auxílio.

Senhor, socorrei-nos e salvai-nos.

Invocação ao Espírito Santo

Vinde, Espírito Santo,
enchei os corações dos vossos fiéis
e acendei neles o fogo do vosso amor.
Enviai o vosso Espírito Santo e tudo será criado; e renovareis a face da terra.

Oração do dia

Ó gloriosa virgem e mártir, Santa Filomena, que desde a mais tenra idade fostes iluminada pela luz da fé e por ela derramastes vosso sangue, sede nossa interces-

sora junto de Deus para que permaneça intacta nossa esperança e cresçamos em seu amor e na dedicação aos irmãos. Amém.

Leitura bíblica

O Cordeiro estava de pé sobre o monte Sião e, com ele, os cento e quarenta e quatro mil que tinham o nome dele e o nome do seu Pai inscritos em suas frontes. Estes são os que não se contaminaram com a prostituição, pois são virgens. Eles seguem o Cordeiro aonde quer que vá. Foram resgatados do meio da humanidade, como primeira oferta a Deus e ao Cordeiro. Na sua boca nunca foi encontrada mentira. São íntegros (Ap 14,1.4-5).

Reflexão

Santa Filomena entregou sua vida, consagrando-se totalmente ao Cordeiro de Deus. Em seu túmulo, foram desenhados os símbolos – âncora, seta, lança, palma e lírio – que resumem a sua vida e constituem a prova de sua pureza e martírio.

Hino

Em tuas pegadas queremos andar,
Levando uma vida casta e pura,
Lírio de eterna candura,
E ao Cordeiro sempre agradar.

Oração final

Ó gloriosa virgem e mártir, Santa Filomena, que enfrentastes com muita coragem e fé o martírio ao derramar vosso sangue pela causa do Reino, intercedei junto a Deus por nós para que saibamos enfrentar os momentos difíceis e obtenhamos as graças de que necessitamos hoje (fazer pedido). Por Jesus Cristo, nosso Senhor, que vive na unidade do Pai e do Espírito Santo. Amém.

Rezemos

Pai-Nosso, Ave-Maria e Glória-ao-Pai.

Santa Filomena, virgem e mártir, rogai por nós.

TERCEIRO DIA

Santa Filomena: amor e fortaleza

Em nome do Pai, do Filho e do Espírito Santo. Amém.

Deus, vinde em nosso auxílio.

Senhor, socorrei-nos e salvai-nos.

Invocação ao Espírito Santo

Vinde, Espírito Santo,
enchei os corações dos vossos fiéis
e acendei neles o fogo do vosso amor.
Enviai o vosso Espírito Santo e tudo será
criado; e renovareis a face da terra.

Oração do dia

Ó gloriosa virgem e mártir, Santa Filomena, que desde a mais tenra idade fostes iluminada pela luz da fé e por ela derramastes vosso sangue, sede nossa interces-

sora junto de Deus para que permaneça intacta nossa esperança e cresçamos em seu amor e na dedicação aos irmãos. Amém.

Leitura bíblica

Fortalecei-vos no Senhor, no poder de sua força; revesti-vos da armadura de Deus, para que possais resistir às ciladas do diabo. Ficai, pois, de prontidão, tendo a verdade como cinturão, a justiça como couraça e os pés calçados com o zelo em anunciar a Boa-Nova da paz. Em todas as circunstâncias, empunhai o escudo da fé, com o qual podereis apagar todas as flechas incendiadas do Maligno. Enfim, ponde o capacete da salvação e empunhai a espada do Espírito, que é a palavra de Deus (Ef 6,10-11.14-17).

Reflexão

De acordo com os relatos, o cordão de Santa Filomena tem cinco nós: três em uma extremidade e dois em outra, em homenagem às cinco chagas de Jesus, pelas quais derramou seu sangue. Abençoado pelo Papa Leão XIII em 1884, esse ornamento é feito de dois fios: um vermelho, que simboliza o sangue de Santa Filomena, e um branco, que representa a pureza. Com ele, os devotos têm alcançado muitas graças.

Hino

Na coragem de ser bom cristão,
Te pedimos com todo ardor
Que vivamos unidos a Deus
No fervor e na santa oração.

Oração final

Ó gloriosa virgem e mártir, Santa Filomena, que enfrentastes com muita cora-

gem e fé o martírio ao derramar vosso sangue pela causa do Reino, intercedei junto a Deus por nós para que saibamos enfrentar os momentos difíceis e obtenhamos as graças de que necessitamos hoje (fazer pedido). Por Jesus Cristo, nosso Senhor, que vive na unidade do Pai e do Espírito Santo. Amém.

Rezemos

Pai-Nosso, Ave-Maria e Glória-ao-Pai.

Santa Filomena, virgem e mártir, rogai por nós.

QUARTO DIA

Santa Filomena: virgem prudente

Em nome do Pai, do Filho e do Espírito Santo. Amém.
Deus, vinde em nosso auxílio.
Senhor, socorrei-nos e salvai-nos.

Invocação ao Espírito Santo

Vinde, Espírito Santo,
enchei os corações dos vossos fiéis
e acendei neles o fogo do vosso amor.
Enviai o vosso Espírito Santo e tudo será criado; e renovareis a face da terra.

Oração do dia

Ó gloriosa virgem e mártir, Santa Filomena, que desde a mais tenra idade fostes iluminada pela luz da fé e por ela derramastes vosso sangue, sede nossa intercessora junto de Deus para que permaneça intacta nossa esperança e cresçamos em seu amor e na dedicação aos irmãos. Amém.

Leitura bíblica

O Reino dos Céus pode ser comparado a dez virgens que, levando suas lamparinas, saíram para formar o séquito do noivo. Cinco delas eram descuidadas e as outras cinco, prudentes. As descuidadas pegaram suas lâmpadas, mas não levaram óleo consigo. As previdentes, porém, levaram jarros com óleo junto com as lâmpadas. Quando o noivo chegou, as que estavam preparadas entraram com ele para a festa do casamento (Mt 25,1-4.10).

Reflexão

Santa Filomena, como as cinco virgens prudentes, preparou-se para o encontro com seu divino noivo, Jesus Cristo, a quem consagrou sua virgindade. Atenta ao conselho de Jesus: "Vigiai, pois não sabeis o dia nem a hora" da chegada do noivo. A jovem manteve acesa a lâmpada da fé e morreu por ela. Na vida e na glória dos céus, Santa Filomena é um exemplo.

Hino

Dá-nos força pra ter muita fé
Pra seguir sempre e sempre a Jesus.
Não fujamos também se algum dia,
Nos vier o grão-peso da cruz.

Oração final

Ó gloriosa virgem e mártir, Santa Filomena, que enfrentastes com muita coragem e fé o martírio ao derramar vosso sangue pela causa do Reino, intercedei junto a Deus por nós para que saibamos enfrentar os momentos difíceis e obtenhamos as graças de que necessitamos hoje (fazer pedido). Por Jesus Cristo, nosso Senhor, que vive na unidade do Pai e do Espírito Santo. Amém.

Rezemos

Pai-Nosso, Ave-Maria e Glória-ao-Pai.

Santa Filomena, virgem e mártir, rogai por nós.

QUINTO DIA

Santa Filomena:
firmeza e coragem

Em nome do Pai, do Filho e do Espírito Santo. Amém.

Deus, vinde em nosso auxílio.

Senhor, socorrei-nos e salvai-nos.

Invocação ao Espírito Santo

Vinde, Espírito Santo,
enchei os corações dos vossos fiéis
e acendei neles o fogo do vosso amor.
Enviai o vosso Espírito Santo e tudo será
criado; e renovareis a face da terra.

Oração do dia

Ó gloriosa virgem e mártir, Santa Filomena, que desde a mais tenra idade fostes iluminada pela luz da fé e por ela derra-

mastes vosso sangue, sede nossa intercessora junto de Deus para que permaneça intacta nossa esperança e cresçamos em seu amor e na dedicação aos irmãos. Amém.

Leituras bíblicas

Guarda-me como a pupila dos olhos, protege-me na sombra das tuas asas, diante dos ímpios que me oprimem, dos inimigos que me rodeiam com furor (Sl 17,8-9).

As bênçãos do Senhor estão sobre a cabeça do justo, mas a boca dos ímpios disfarça a violência. A memória do justo é abençoada, enquanto o nome dos ímpios apodrece. O justo jamais será abalado, ao passo que os ímpios não habitarão a terra (Pr 10,6-7.30).

Reflexão

Santa Filomena enfrentou com coragem e firmeza as mais duras provas. Após ter sido açoitada, foi lançada ao rio Tibre com uma âncora presa ao pescoço, mas os anjos de Deus cortaram a corda e não permitiram que ela se afogasse. Então, os soldados desfecharam lanças e flechas contra ela, porém, não conseguiram atingi-la. As armas voltaram-se contra aqueles que a atacavam. Presa novamente, morreu com um golpe de clava na cabeça. Em razão de sua morte, Santa Filomena glorificou o Senhor e converteu muitos de seus perseguidores.

Hino

Ó gloriosa mártir de Jesus,
Nas angústias e nos tormentos,
Nas lutas de cada momento,
Sê nosso guia e nossa luz.

Oração final

Ó gloriosa virgem e mártir, Santa Filomena, que enfrentastes com muita coragem e fé o martírio ao derramar vosso sangue pela causa do Reino, intercedei junto a Deus por nós para que saibamos enfrentar os momentos difíceis e obtenhamos as graças de que necessitamos hoje (fazer pedido). Por Jesus Cristo, nosso Senhor, que vive na unidade do Pai e do Espírito Santo. Amém.

Rezemos

Pai-Nosso, Ave-Maria e Glória-ao-Pai.

Santa Filomena, virgem e mártir, rogai por nós.

SEXTO DIA

Santa Filomena: mártir da fé

Em nome do Pai, do Filho e do Espírito Santo. Amém.

Deus, vinde em nosso auxílio.

Senhor, socorrei-nos e salvai-nos.

Invocação ao Espírito Santo

Vinde, Espírito Santo,
enchei os corações dos vossos fiéis
e acendei neles o fogo do vosso amor.
Enviai o vosso Espírito Santo e tudo será criado; e renovareis a face da terra.

Oração do dia

Ó gloriosa virgem e mártir, Santa Filomena, que desde a mais tenra idade fostes iluminada pela luz da fé e por ela derramastes vosso sangue, sede nossa interces-

sora junto de Deus para que permaneça intacta nossa esperança e cresçamos em seu amor e na dedicação aos irmãos. Amém.

Leituras bíblicas

Sempre coloco à minha frente o Senhor, ele está à minha direita, não vacilo. Disso se alegra meu coração, exulta a minha alma; também meu corpo repousa seguro, pois não vais abandonar minha vida no sepulcro, nem vais deixar que teu santo experimente a corrupção, o caminho da vida me indicarás, alegria plena à tua direita, para sempre (Sl 16,8-11).

Outrora éreis trevas, mas agora sois luz no Senhor. Procedei como filhos da luz. E o fruto da luz é toda espécie de bondade e de justiça e de verdade (Ef 5,8-9).

Reflexão

A data do martírio de Santa Filomena não é precisa. Provavelmente ocorreu durante a última perseguição, desencadeada pelo imperador romano Diocleciano, no século IV do Cristianismo.

Enterrada nas catacumbas de Santa Priscila, o túmulo de santa Filomena ficou esquecido por mais de 14 séculos. Todavia, a Divina Providência permitiu que, em 24 de maio de 1802, ele fosse descoberto. Em pouco tempo, seu culto se difundiu por toda a Europa e pelo mundo católico. Fatos extraordinários e inúmeros milagres vieram confirmar a legitimidade de suas relíquias.

Hino

Do esquecimento e da escuridão,
Deus te conduz à luz da glória,
Dos nossos pecados alcança-nos perdão,
Para cantar contigo vitória.

Oração final

Ó gloriosa virgem e mártir, Santa Filomena, que enfrentastes com muita cora-

gem e fé o martírio ao derramar vosso sangue pela causa do Reino, intercedei junto a Deus por nós para que saibamos enfrentar os momentos difíceis e obtenhamos as graças de que necessitamos hoje (fazer pedido). Por Jesus Cristo, nosso Senhor, que vive na unidade do Pai e do Espírito Santo. Amém.

Rezemos

Pai-Nosso, Ave-Maria e Glória-ao-Pai.
Santa Filomena, virgem e mártir, rogai por nós.

SÉTIMO DIA

Santa Filomena:
defensora dos indefesos

Em nome do Pai, do Filho e do Espírito Santo. Amém.

Deus, vinde em nosso auxílio.

Senhor, socorrei-nos e salvai-nos.

Invocação ao Espírito Santo

Vinde, Espírito Santo,
enchei os corações dos vossos fiéis
e acendei neles o fogo do vosso amor.
Enviai o vosso Espírito Santo e tudo será criado; e renovareis a face da terra.

Oração do dia

Ó gloriosa virgem e mártir, Santa Filomena, que desde a mais tenra idade fostes iluminada pela luz da fé e por ela derramastes vosso sangue, sede nossa intercessora junto de Deus para que permaneça intacta nossa esperança e cresçamos em seu amor e na dedicação aos irmãos. Amém.

Leituras bíblicas

Jesus pronunciou estas palavras: "Eu te louvo, Pai, Senhor do céu e da terra, porque escondeste estas coisas aos sábios e entendidos e as revelaste aos pequeninos. Sim, Pai, assim foi do teu agrado" (Mt 11,25-26).

O teu espírito incorruptível está em todos. É por isso que corriges com carinho os que erram e os repreendes, lembrando-lhes seus pecados, para que se afastem do mal e creiam em ti, Senhor (Sb 12,1-2).

Reflexão

Santa Filomena viveu entre pagãos, os quais valorizavam apenas os bens terrenos. Os pais podiam ou não reconhecer os filhos e tinham poder de vida e morte sobre eles. Muitos inocentes eram escravizados, explorados e mortos, simplesmente por capricho dos donos. Santa Filomena se fez defensora dos mais fracos e dos inocentes. Muitos encontraram nela não apenas uma defensora, mas um exemplo a seguir.

Hino

Protetora dos inocentes,
Louvamos contigo o Senhor,
Que ampara toda gente
E dos fracos é defensor.

Oração final

Ó gloriosa virgem e mártir, Santa Filomena, que enfrentastes com muita coragem e fé o martírio ao derramar vosso sangue pela causa do Reino, intercedei junto a Deus por nós para que saibamos enfrentar os momentos difíceis e obtenhamos as graças de que necessitamos hoje (fazer pedido). Por Jesus Cristo, nosso Senhor, que vive na unidade do Pai e do Espírito Santo. Amém.

Rezemos

Pai-Nosso, Ave-Maria e Glória-ao-Pai.

Santa Filomena, virgem e mártir, rogai por nós.

OITAVO DIA

Santa Filomena:
testemunha de santidade

Em nome do Pai, do Filho e do Espírito Santo. Amém.

Deus, vinde em nosso auxílio.

Senhor, socorrei-nos e salvai-nos.

Invocação ao Espírito Santo

Vinde, Espírito Santo,
enchei os corações dos vossos fiéis
e acendei neles o fogo do vosso amor.
Enviai o vosso Espírito Santo e tudo será criado; e renovareis a face da terra.

Oração do dia

Ó gloriosa virgem e mártir, Santa Filomena, que desde a mais tenra idade fostes iluminada pela luz da fé e por ela derra-

mastes vosso sangue, sede nossa intercessora junto de Deus para que permaneça intacta nossa esperança e cresçamos em seu amor e na dedicação aos irmãos. Amém.

Leitura bíblica

Sei muito bem do projeto que tenho em relação a vós – oráculo do Senhor! É um projeto de felicidade, não de sofrimento: dar-vos um futuro, uma esperança! Quando me invocardes, ireis em frente, quando orardes a mim, eu vos ouvirei. Quando me procurardes, vós me encontrareis, quando me seguirdes de todo o coração, eu me deixarei encontrar por vós – oráculo do Senhor. Mudarei vosso destino, vou reunir-vos de todos as terras e lugares por onde vos dispersei – oráculo do Senhor –, e trazer de volta para esse lugar do qual vos exilei (Jr 29,11-14).

Reflexão

Quando ocorreu a abertura do sarcófago de Santa Filomena, nas catacumbas de Santa Priscila, foi encontrado um vidro, contendo uma porção de sangue inteiramente ressequido, ao lado de seu corpo. Muitos doentes e enfermos recobraram a saúde ao contato com o precioso sangue. Os milagres alcançados, por intercessão de Santa Filomena, foram tantos que o Papa Gregório XVI não hesitou em declará-la a grande taumaturga do século XIX.

Hino

Há tanta gente imersa em dor,
Há os que vivem em solidão,
Obtém-nos alívio do Senhor,
Consolo e paz no coração.

Oração final

Ó gloriosa virgem e mártir, Santa Filomena, que enfrentastes com muita cora-

gem e fé o martírio ao derramar vosso sangue pela causa do Reino, intercedei junto a Deus por nós para que saibamos enfrentar os momentos difíceis e obtenhamos as graças de que necessitamos hoje (fazer pedido). Por Jesus Cristo, nosso Senhor, que vive na unidade do Pai e do Espírito Santo. Amém.

Rezemos

Pai-Nosso, Ave-Maria e Glória-ao-Pai.

Santa Filomena, virgem e mártir, rogai por nós.

NONO DIA

Santa Filomena: intercessora no céu

Em nome do Pai, do Filho e do Espírito Santo. Amém.
Deus, vinde em nosso auxílio.
Senhor, socorrei-nos e salvai-nos.

Invocação ao Espírito Santo

Vinde, Espírito Santo,
enchei os corações dos vossos fiéis
e acendei neles o fogo do vosso amor.
Enviai o vosso Espírito Santo e tudo será
criado; e renovareis a face da terra.

Oração do dia

Ó gloriosa virgem e mártir, Santa Filomena, que desde a mais tenra idade fostes iluminada pela luz da fé e por ela derra-

mastes vosso sangue, sede nossa intercessora junto de Deus para que permaneça intacta nossa esperança e cresçamos em seu amor e na dedicação aos irmãos. Amém.

Leituras bíblicas

A mulher de valor, quem a encontrará? Ela é muito mais preciosa do que as joias. O encanto é enganador e a beleza, passageira; a mulher que teme o Senhor, essa sim, merece elogios! Dai-lhe do fruto de seu trabalho, e suas obras a louvem na praça da cidade (Pr 31,10.30-31).

Combati o bom combate, terminei a corrida, guardei a fé. Desde agora, está reservado para mim o prêmio da justiça que o Senhor, o juiz justo, me dará naquele dia, não somente a mim, mas a todos os que tiverem esperado com amor a sua manifestação (2Tm 4,7-8).

Reflexão

Santa Filomena, apesar de muito jovem, 13 anos apenas, soube ser fiel a Cristo Jesus e para ele se manteve pura e casta. A exemplo de seu divino mestre e Senhor, derramou seu sangue e professou a sua fé. Do seu martírio, surgiram novos cristãos, em especial seus algozes que, tocados pela graça de Deus, se converteram ao Cristianismo. Deus a inscreveu no livro dos santos e a tornou participante de sua glória nos céus.

Hino

Conserva-nos no amor de Jesus,
Tu que brilhas de eterna Luz;
Virgem e mártir de Deus,
Alcança-nos a glória dos céus.

Oração final

Ó gloriosa virgem e mártir, Santa Filomena, que enfrentastes com muita cora-

gem e fé o martírio ao derramar vosso sangue pela causa do Reino, intercedei junto a Deus por nós para que saibamos enfrentar os momentos difíceis e obtenhamos as graças de que necessitamos hoje (fazer pedido). Por Jesus Cristo, nosso Senhor, que vive na unidade do Pai e do Espírito Santo. Amém.

Rezemos

Pai-Nosso, Ave-Maria e Glória-ao-Pai.

Santa Filomena, virgem e mártir, rogai por nós.

Ladainha de Santa Filomena

(Composta por São João Maria Vianney,
o Cura d'Ars)

Senhor, tende piedade de nós.

Jesus Cristo, tende piedade de nós.

Senhor, tende piedade de nós.

Jesus Cristo, ouvi-nos.

Jesus Cristo, atendei-nos.

Pai Celeste, que sois Deus, tende piedade de nós.

Filho de Deus, Redentor do mundo, tende piedade de nós.

Espírito Santo que sois Deus, tende piedade de nós.

Trindade Santa, que sois um só Deus, tende piedade de nós.

Santa Maria, Rainha das Virgens, rogai por nós.

Santa Filomena, cheia de abundantes graças desde o berço.

Santa Filomena, fiel imitadora de Maria.

Santa Filomena, modelo das Virgens.

Santa Filomena, templo da perfeita humildade.

Santa Filomena, abrasada no zelo da glória de Deus.

Santa Filomena, exemplo de força e de perseverança.

Santa Filomena, espelho das mais heroicas virtudes.

Santa Filomena, firme intrépida em face dos tormentos.

Santa Filomena, flagelada como o vosso Divino Esposo.

Santa Filomena, que preferistes as humilhações da morte aos esplendores do trono.

Santa Filomena, que convertestes as testemunhas do vosso martírio.

Santa Filomena, que cansastes o furor dos algozes.

Santa Filomena, protetora dos inocentes.

Santa Filomena, padroeira da juventude.

Santa Filomena, asilo dos desgraçados.

Santa Filomena, saúde dos doentes e enfermos.

Santa Filomena, nova luz da Igreja peregrina.

Santa Filomena, que confundia a impiedade do século.

Santa Filomena, cujo nome é glorioso no céu e formidável para o inferno.

Santa Filomena, ilustre pelos mais esplêndidos milagres.

Santa Filomena, poderosa junto de Deus.

Santa Filomena, que reinais na glória.

Cordeiro de Deus que tirais o pecado do mundo, perdoai-nos, Senhor.

Cordeiro de Deus que tirais o pecado do mundo, ouvi-nos, Senhor.

Cordeiro de Deus que tirais o pecado do mundo, tende piedade de nós.

Rogai por nós, Santa Filomena, para que sejamos dignos das promessas de Jesus Cristo.

Nós vos suplicamos, Senhor, que nos concedais o perdão dos nossos pecados pela intercessão de Santa Filomena, virgem e mártir, que foi sempre agradável aos vossos olhos e pela sua eminente castidade e exercício de todas as virtudes.

Santa Filomena, rogai por nós (3 vezes).

Coleção Nossas Devoções

- *Dulce dos Pobres: novena e biografia* – Marina Mendonça
- *Francisco de Paula Victor: história e novena* – Aparecida Matilde Alves
- *Frei Galvão: novena e história* – Pe. Paulo Saraiva
- *Imaculada Conceição* – Francisco Catão
- *Jesus, Senhor da vida: dezoito orações de cura* – Francisco Catão
- *João Paulo II: novena, história e orações* – Aparecida Matilde Alves
- *João XXIII: biografia e novena* – Marina Mendonça
- *Maria, Mãe de Jesus e Mãe da Humanidade: novena e coroação de Nossa Senhora* – Aparecida Matilde Alves
- *Menino Jesus de Praga: história e novena* – Giovanni Marques Santos
- *Nhá Chica: Bem-aventurada Francisca de Paula de Jesus* – Aparecida Matilde Alves
- *Nossa Senhora Aparecida: história e novena* – Maria Belém
- *Nossa Senhora da Cabeça: história e novena* – Mario Basacchi
- *Nossa Senhora da Luz: novena e história* – Maria Belém
- *Nossa Senhora da Penha: novena e história* – Maria Belém
- *Nossa Senhora da Salete: história e novena* – Aparecida Matilde Alves
- *Nossa Senhora das Graças ou Medalha Milagrosa: novena e origem da devoção* – Mario Basacchi
- *Nossa Senhora de Caravaggio: história e novena* – Leomar A. Brustolin e Volmir Comparin
- *Nossa Senhora de Fátima: novena* – Tarcila Tommasi
- *Nossa Senhora de Guadalupe: novena e história das aparições a São Juan Diego* – Maria Belém
- *Nossa Senhora de Nazaré: novena e história* – Maria Belém
- *Nossa Senhora Desatadora dos Nós: história e novena* – Frei Zeca
- *Nossa Senhora do Bom Parto: novena e reflexões bíblicas* – Mario Basacchi
- *Nossa Senhora do Carmo: novena e história* – Maria Belém
- *Nossa Senhora do Desterro: história e novena* – Celina Helena Weschenfelder
- *Nossa Senhora do Perpétuo Socorro: história e novena* – Mario Basacchi
- *Nossa Senhora Rainha da Paz: história e novena* – Celina Helena Weschenfelder
- *Novena à Divina Misericórdia* – Tarcila Tommasi

- *Novena das Rosas: história e novena de Santa Teresinha do Menino Jesus* – Aparecida Matilde Alves
- *Novena em honra ao Senhor Bom Jesus* – José Ricardo Zonta
- *Ofício da Imaculada Conceição: orações, hinos e reflexões* – Cristóvão Dworak
- *Orações do cristão: preces diárias* – Celina Helena Weschenfelder
- *Os Anjos de Deus: novena* – Francisco Catão
- *Padre Pio: novena e história* – Maria Belém
- *Paulo, homem de Deus: novena de São Paulo Apóstolo* – Francisco Catão
- *Reunidos pela força do Espírito Santo: novena de Pentecostes* – Tarcila Tommasi
- *Rosário dos enfermos* – Aparecida Matilde Alves
- *Rosário por uma transformação espiritual e psicológica* – Gustavo E. Jamut
- *Sagrada Face: história, novena e devocionário* – Giovanni Marques Santos
- *Sagrada Família: novena* – Pe. Paulo Saraiva
- *Sant'Ana: novena e história* – Maria Belém
- *Santa Cecília: novena e história* – Frei Zeca
- *Santa Edwiges: novena e biografia* – J. Alves
- *Santa Filomena: história e novena* – Mario Basacchi
- *Santa Gemma Galgani: história e novena* – José Ricardo Zonta
- *Santa Joana d'Arc: novena e biografia* – Francisco de Castro
- *Santa Luzia: novena e biografia* – J. Alves
- *Santa Maria Goretti: história e novena* – José Ricardo Zonta
- *Santa Paulina: novena e biografia* – J. Alves
- *Santa Rita de Cássia: novena e biografia* – J. Alves
- *Santa Teresa de Calcutá: biografia e novena* – Celina Helena Weschenfelder
- *Santa Teresinha do Menino: novena e biografia* – Jesus Mario Basacchi
- *Santo Afonso de Ligório: novena e biografia* – Mario Basacchi
- *Santo Antônio: novena, trezena e responsório* – Mario Basacchi
- *Santo Expedito: novena e dados biográficos* – Francisco Catão
- *Santo Onofre: história e novena* – Tarcila Tommasi
- *São Benedito: novena e biografia* – J. Alves

- *São Bento: história e novena* – Francisco Catão
- *São Brás: história e novena* – Celina Helena Weschenfelder
- *São Cosme e São Damião: biografia e novena* – Mario Basacchi
- *São Cristóvão: história e novena* – Mário José Neto
- *São Francisco de Assis: novena e biografia* – Mario Basacchi
- *São Francisco Xavier: novena e biografia* – Gabriel Guarnieri
- *São Geraldo Majela: novena e biografia* – J. Alves
- *São Guido Maria Conforti: novena e biografia* – Gabriel Guarnieri
- *São José: história e novena* – Aparecida Matilde Alves
- *São Judas Tadeu: história e novena* – Maria Belém
- *São Marcelino Champagnat: novena e biografia* – Ir. Egídio Luiz Setti
- *São Miguel Arcanjo: novena* – Francisco Catão
- *São Pedro, Apóstolo: novena e biografia* – Maria Belém
- *São Peregrino Laziosi* – Tarcila Tommasi
- *São Roque: novena e biografia* – Roseane Gomes Barbosa
- *São Sebastião: novena e biografia* – Mario Basacchi
- *São Tarcísio: novena e biografia* – Frei Zeca
- *São Vito, mártir: história e novena* – Mario Basacchi
- *Senhora da Piedade: setenário das dores de Maria* – Aparecida Matilde Alves
- *Tiago Alberione: novena e biografia* – Maria Belém